Numéro du livre dans la collection :

Textes de Bernard Brunstein

© Bernard Brunstein pour les illustrations - http://peinturedebernard.over-blog.com/

ISBN : 9782322120963

Conte pour enfants de

Bernard Brunstein

Illustré par l'auteur

C'est moi! L'abeille

Vous vous souvenez de moi?
Oui c'est moi !
Je passais à la télé
dans un dessin animé.
J'ai un peu vieilli,
J'ai des rides et des
cheveux tout gris.

En ce temps la!
Que la vie était belle,
j'allais dans les champs.

*De fleur, en fleur à tire d'ailes,
butiner par tous les temps.*

*J'avais beaucoup d'amis
les araignées, les fourmis*

Et le criquet qui nous chantait son tube de l'été.

*Aujourd'hui je pleure,
la nature se meurt.*

Les insecticides de Monsanto détruisent ce qu'il y a de plus beau.

Mes sœurs tombent par milliers.

C'est notre guerre de quatorze à nous.
Hélas pour nous!

Pas de convention de Genève pas de prisonnier.
Ils veulent nous exterminer.

Leur Gaz moutarde a raison de nous!
Le monde serait il devenu Fou!

Que vont devenir les fruits, les fleurs.
Qui va faire notre travail?

Nous sommes de la nature la classe ouvrière.
Les petites mains, le miel était notre salaire.

*On ne comptait pas le travail supplémentaire,
pas de repos hebdomadaire.*

*La saison des fleurs, ne dure que quelques heures.
Et sur le calendrier, du temps
Il faut aller de l'avant.*

Ca y est, vous vous souvenez de moi!
Ouvrait grandes vos oreilles

Ecoutez mon cri,
Je vous en supplie!
Empêchez les de nous tuer!

Editeur : BoD-Books on Demand, 12/14 rond point des Champs Élysées, 75008 Paris, France
Impression : BoD-Books on Demand, Norderstedt, Allemagne
ISBN : 9782322120963
Dépôt légal : septembre 2018